CW00449855

Schwarze A

Mainländers Philosophie der Erlösung

Schwarze Agnes

Mainländers Philosophie der Erlösung

ISBN/EAN: 9783337608255

Hergestellt in Europa, USA, Kanada, Australien, Japan

Cover: Foto ©Lupo / pixelio.de

Weitere Bücher finden Sie auf **www.hansebooks.com**

Zeitschrift

für

exakte Philosophie

im Sinne des

neueren philosophischen Realismus.

In Verbindung mit mehreren Gelehrten

begründet von

Allihn und Ziller.

Herausgegeben

von

Otto Flügel.

Band XVII.

Langensalza.

Druck und Verlag von Hermann Beyer & Söhne

1890.

nach innen und aufsen zu verstehen; nach innen, insofern
als eine richtige Selbsterkenntnis des Individuums gefordert
wird, ohne welche der Mensch sich selbst der gröfsten Ge-
fahr aussetzt, nach aufsen, insofern als er seinen sicheren
sittlichen Standpunkt in der ihn umgebenden Welt einnehmen
und zugleich erkennen mufs, inwieweit das anzustrebende
höchste Interesse durch die Veränderlichkeit der Umstände
begünstigt wird oder nicht.

Diese Selbsterkenntnis erreicht ihre höchste Potenz auf
der vierten Stufe sittlichen Fortschrittes. Hier lernt sich der
Mensch als Herr seiner selbst ˙kennen, er lernt kennen, wie
viel Kraft in ihm selbst wohne, sich selbst zu befehlen, den
in den angenommenen Grundsätzen enthaltenen Imperativen
zu gehorchen. Es ist der Selbstzwang, durch welchen
das moralische Urteil in Handlung übergeht.

Über Philipp Mainländer's Philosophie der Erlösung.

Von
Dr. A. Schwarze.

Mit dem im Jahre 1886 erschienenen zweiten Bande der
Philosophie der Erlösung liegt uns jetzt ein System in seiner
Abgeschlossenheit vor, in dem wir allem Anschein nach den
letzten Ausläufer des pessimistischen Idealismus sehen dürfen.
Schon von diesem Standpunkt aus dürfte ein näheres Eingehen
auf diesen neuen Ausdruck unseres Zeitgeistes gerechtfertigt
erscheinen, derselbe ist aber auch, abgesehen von dem eigen-
artigen und bei aller Verkehrtheit doch stets fesselnden Inhalt,
dadurch lehrreich, dafs er uns zeigt, wie bitter sich zuletzt
das völlige Absehen von dem Herbart'schen Realismus
rächen mufs.

Der grofse Umfang sowohl, welchen die beiden Bände
der „Philosophie der Erlösung" einnehmen (623 u. 653 S.).

als auch der reiche Inhalt, den sie in einer ganzen Anzahl
längerer und kürzerer Aufsätze und in meist knapper Sprache
bringen, gestattet freilich nur ein Hervorheben der Haupt-
punkte, wobei teils Mainländer's Werk selbst, teils die
daraus gemachten Zusammenstellungen von Max Seiling
(Mainländer, ein neuer Messias. Eine frohe Botschaft inmitten der herrschenden Geistesverwirrung. München, Th.
Ackermann, 1888) zu Grunde gelegt werden sollen, es wird
das aber auch vollständig genügen, um uns mit dieser Philosophie bekannt zu machen und uns ein Urteil über dieselbe
zu ermöglichen.

Der erste Band, das eigentliche Hauptwerk, bringt nach-
einander die Analytik des Erkenntnisvermögens, die Physik,
Ästhetik, Ethik, Politik und Metaphysik, woran sich eine
Kritik der Lehren Kant's und Schopenhauer's schliefst,
während im zweiten Bande zwölf kürzere Essays enthalten
sind: 1. der Realismus, 2. der Pantheismus, 3. der Idealismus,
4. der Budhaismus, 5. das Dogma der Dreieinigkeit, 6. die
Philosophie der Erlösung, 7. das wahre Vertrauen, 8. der
theoretische Sozialismus, 9. der praktische Sozialismus, 10. das
regulative Prinzip des Sozialismus, 11. Ährenlese, 12. Kritik
der Hartmann'schen Philosophie des Unbewufsten. —

Den Anfang macht Mainländer ganz richtig mit der
Untersuchung des Erkenntnisvermögens und behandelt darin,
nachdem er die Grenzen seiner immanenten Philosophie bestimmt hat, hauptsächlich die alten Probleme der Kausalität,
des Raumes, der Zeit, der Materie und der Substanz, sowie
die verschiedenen Thätigkeiten des Geistes.

Seine Philosophie bestimmt er gleich im ersten Satze als
eine rein immanente: „Die wahre Philosophie mufs rein im-
manent sein, d. h. ihr Stoff sowohl als ihre Grenze mufs die
Welt sein. Sie mufs die Welt aus Prinzipien, welche in
derselben von jedem Menschen erkannt werden können, er-
klären und darf weder aufserweltliche Mächte, von denen
man absolut nichts wissen kann, noch Mächte in der Welt,
welche jedoch ihrem Wesen nach nicht zu erkennen wären,

zu Hilfe rufen." Mit grofser Entschiedenheit wird die Ansicht von den reinen Raum- und Zeit-Anschauungen als Anschauungen a priori bekämpft. „In der Welt sind nur Kräfte, reine Räumlichkeiten giebt es in derselben überhaupt nicht, und der unendliche Raum existiert so wenig, wie die allerkleinste Räumlichkeit, will man eine solche erhalten, so mufs man die sie erfüllende Kraft hinweg denken. Der Raum als Verstandesform ist ein Punkt, d. h. der Raum als Verstandesform ist nur unter dem Bilde eines Punktes zu denken. Dieser Punkt hat die Fähigkeit (oder ist [sic!] geradezu die Fähigkeit des Subjektes), die Dinge an sich, welche auf die betreffenden Sinnesorgane wirken, nach drei Richtungen hin zu begrenzen. Das Wesen des Raumes ist demnach die Fähigkeit, nach drei Dimensionen in unbestimmte Weite (in indefinitum) auseinander zu treten." (S. 6.) Dies erscheint aber doch nicht ganz widerspruchsfrei, weil dadurch das erkennende Subjekt mit dem erkannten Objekt vermischt wird. Richtiger würde man sagen: Das Subjekt hat die Fähigkeit, die Dinge an sich räumlich, d. h. in der Form des Nebeneinander und in bestimmter Begrenzung nach drei Richtungen hin anzuschauen, sowie mit Hinwegdenken des erfüllenden Inhalts die reinen Raumformen vorzustellen.

Auch die Zeit ist nicht etwas a priori Gegebenes und Reales, sie ist aber auch keine Verstandesform, wie der Raum. denn der Verstand hat nur eine Funktion, nämlich den Übergang von der Wirkung im Sinnesorgan zur Ursache, sie ist vielmehr eine Verbindung a posteriori der Vernunft, aber wie der Raum ein Punkt. Wie wir den Zeitbegriff durch Verbindung der Punktzeiten sowohl nach rückwärts wie nach vorne zu gewinnen, darüber spricht sich Mainländer in charakteristischer Weise wie folgt aus: „Lösen wir uns von der Aufsenwelt ab und verstecken wir uns in unser Inneres, so finden wir uns in einer kontinuierlichen Hebung und Senkung, kurz in einer unaufhörlichen Bewegung begriffen. Die Stelle, wo diese Bewegung unser Bewufstsein berührt, will ich den Punkt der Bewegung nennen. Auf ihm schwimmt

(oder sitzt wie angeschraubt) die Form der Vernunft, d. h.
der Punkt der Gegenwart. Wo der Punkt der Bewegung ist,
da ist auch der Punkt der Gegenwart und dieser steht immer
genau über jenem. Er kann ihm nicht voraneilen und er
kann nicht zurückbleiben. Beide sind untrennbar verbunden.
Prüfen wir nun mit Aufmerksamkeit den Vorgang, so finden
wir, daſs wir zwar immer in der Gegenwart sind, aber stets
auf Kosten oder durch den Tod der Gegenwart; mit andern
Worten: wir bewegen uns von Gegenwart zu Gegenwart.
Indem sich nun die Vernunft dieses Übergangs bewuſst wird,
läſst sie durch die Einbildungskraft die entschwindende Gegenwart festhalten und verbindet sie mit der entstehenden. Sie
schiebt gleichsam unter die fortrollenden, flieſsenden, innigst
verbundenen Punkte der Bewegung und der Gegenwart eine
feste Fläche, an welcher sie den durchlaufenden Weg abliest,
und gewinnt eine Reihe erfüllter Momente, d. h. eine Reihe
erfüllter Übergänge von Gegenwart zu Gegenwart. Auf diese
Weise erlangt sie das Wesen und den Begriff der Vergangenheit. Eilt sie dann, in der Gegenwart verbleibend — denn
diese kann sie nicht vom Punkte der Bewegung ablösen und
vorschieben — der Bewegung voraus und verbindet die
kommende Gegenwart mit der ihr folgenden, so gewinnt sie
eine Reihe von Momenten, die erfüllt sein werden, d. h. sie
gewinnt das Wesen und den Begriff der Zukunft. Verbindet
sie jetzt die Vergangenheit mit der Zukunft zu einer idealen
festen Linie von unbestimmter Länge, auf welcher der Punkt
der Gegenwart weiterrollt, so hat sie die Zeit. Wie die
Gegenwart nichts ist ohne den Punkt der Bewegung, auf
dem sie schwimmt, so ist auch die Zeit nichts ohne die
Unterlage der realen Bewegung. Die reale Bewegung ist
vollkommen unabhängig von der Zeit, oder mit anderen
Worten: Die reale Succession würde auch stattfinden ohne
die ideale Succession. Wären keine erkennenden Wesen in
der Welt, so würden die vorhandenen erkenntnislosen Dinge
an sich doch in rastloser Bewegung sein. Tritt die Erkenntnis auf, so ist die Zeit nur Bedingung der Möglichkeit, die

Bewegung zu erkennen oder auch: die Zeit ist der subjektive
Mafsstab der Bewegung." (S. 14 ff.)

So werden also Raum- und Zeitvorstellungen von Mainländer als etwas ganz Verschiedenes behandelt und die einen
dem Verstand, die anderen der Vernunft zuerteilt, mit welchem
Grunde, läfst sich nicht recht einsehen, da den beiden wesentlich doch nur eine verschiedenartige Anordnung zu Grunde
liegt, nämlich die Form des Nebeneinander oder die des Nach-
einander. Am richtigsten ist meines Erachtens noch die Erklärung der Zeit weggekommen, doch erscheint es mir nicht
statthaft, den Begriff der Zukunft auf die Weise, wie es hier
geschieht, entstehen zu lassen. Die Vernunft, die nur ver-
bindende Thätigkeit haben soll, kann nicht ohne Weiteres in
der Gegenwart bleibend der Bewegung vorauseilen, sie kann
die Zukunft allererst auch nur aus der Verbindung der schon
vorhandenen Punkte gewinnen, indem sie in der Erinnerung
bis zu einem Punkt der Vergangenheit zurückgeht und diesen
mit denjenigen, welche darauf folgten, verbindet. So gewinnt
offenbar das Kind den Begriff der Zukunft, zunächst des
Morgen, nachdem es mehrere Male mit der Erfüllung eines
Wunsches von einem auf den andern Tag vertröstet worden
ist. Ist so aus der Erfahrung der Begriff der Zukunft gewonnen worden, dann erst kann er auch von der Gegenwart
aus in Anwendung gebracht werden. Eine unendliche Zeit
giebt es nach Mainländer ebensowenig aufser unserem
Kopfe, wie als reine Anschauung a priori in unserem Kopfe.
Das gegen die reinen Raum- und Zeitanschauungen Gesagte
ist ja allerdings vollständig richtig, nur ist es durchaus nichts
Neues, da bekanntlich gerade hierin längst von Herbart und
seinen Nachfolgern an Kant Kritik geübt worden ist und die
reinen Raum- und Zeitanschauungen a priori, sowie die reinen
Räume und Zeiten als Realitäten für hinfällig erkannt worden
sind. Es ist deshalb ein Zeichen eigentümlicher Bekannt-
schaft in der Geschichte der neueren Philosophie, wenn
M. Seiling S. 21 sagt: „Die Erforschung der wahren Natur
des Raumes und der Zeit, insbesondere die damit verbundene

Vernichtung der Hirngespinste „unendlicher Raum" und „unendliche Zeit" muſs allein schon als eine erlösende That Mainländer's bezeichnet werden."

Als eine zweite Form des Verstandes wird die Materie erkannt. „Ihr steht vollkommen unabhängig die Summe der Wirksamkeiten eines Dinges an sich oder mit einem Wort die Kraft gegenüber. Insofern eine Kraft Gegenstand der Wahrnehmung eines Subjekts wird, ist sie Stoff, hingegen ist jede Kraft unabhängig von einem wahrnehmenden Subjekt, frei von Stoff und nur Kraft." Der Begriff der Materie erhält dann seine weitere Erklärung und seine Ergänzung durch den hinzutretenden Begriff der Substanz, wenn es heiſst: „Jede Wirkungsart eines Dinges an sich wird, insofern sie die Sinne für die Anschauung, Gesichts- und Tastsinn, affiziert, von der Verstandesform Materie objektiviert, d. h. sie wird für uns materiell ... und ist deshalb die Materie das ideelle Substrat aller sichtbaren Objekte, welches an und für sich qualitätslos ist, an welchem aber alle Qualitäten erscheinen müssen. Ähnlich wie der Raum ausdehnungslos ist, aber alle Kraftsphären umzeichnet. Infolge dieser Qualitätslosigkeit des idealen Substrats aller sichtbaren Objekte wird der Vernunft ein gleichartiges Mannigfaltiges dargereicht, welches sie zur Einheit der Substanz verknüpft. Die Substanz ist mithin, wie die Zeit, eine Verbindung a posteriori der Vernunft auf Grund einer apriorischen Form" (nämlich der Materie).

Besonderen Wert sehen wir auf die Untersuchung der kausalen Verhältnisse gelegt. Als solche werden gefunden das Kausalitätsgesetz, die allgemeine Kausalität und die Gemeinschaft oder Wechselwirkung. Im Anschluſs an das Kausalitätsgesetz, die alleinige Funktion unseres Verstandes, wird auch die Realität der Auſsenwelt behauptet. „So gewiſs das Kausalitätsgesetz in uns und zwar vor aller Erfahrung liegt, so gewiſs ist auf der anderen Seite die vom Subjekt unabhängige Existenz von Dingen an sich, deren Wirksamkeit den Verstand allererst in Funktion setzt." Damit

ist freilich die Realität der Aufsenwelt wohl behauptet, aber
nicht bewiesen, denn wer sagt uns, dafs die Dinge, welche
den Verstand in Thätigkeit setzen, aufser uns und nicht
irgendwie in uns liegen. Die Realität der Aufsenwelt läfst
sich, wie wir wissen, nur auf dem Wege der realistischen
Metaphysik beweisen, von der aber hat unser Philosoph, wie
das namentlich aus dem Essay über den Realismus und aus
manchen anderen Stellen hervorgeht, auch nicht die geringste
Ahnung, er kennt nur den plumpen Realismus, der alles, was
wir mit unseren Sinnen wahrnehmen, für Wirklichkeit hält.
Von den Kausalitätsreihen, welche die Verknüpfung der Wirksamkeiten der Dinge an sich sind, werden die mit Hilfe der
Zeit gewonnenen Entwickelungsreihen unterschieden, welche
es mit dem Sein eines Dinges an sich und seinen Modi-
fikationen zu thun haben.

Für die Erkenntnisvermögen, deren Zusammenfassung der
menschliche Geist ist, wird folgendes Schema aufgestellt:

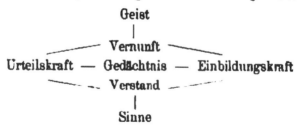

$$\text{Geist}$$
$$|$$
$$\text{Vernunft}$$
$$\text{Urteilskraft — Gedächtnis — Einbildungskraft}$$
$$\text{Verstand}$$
$$|$$
$$\text{Sinne}$$

und dabei ausdrücklich erklärt, dafs alle Formen und Funk-
tionen des Erkenntnisvermögens nur für die Erkennbarkeit,
nicht für die Erzeugung der Aufsenwelt aus nichts da seien.

Als besonders tiefsinnig erscheinen Seiling (S. 27) die
Schlüsse Mainländer's, dafs der einzige Weg, der in die
Vergangenheit der Dinge führe, nämlich die Aufstellung von
Entwickelungsreihen, alle organischen Kräfte auf die einfachen
chemischen Kräfte zurückführe, dafs man jedoch auf immanentem Gebiete niemals über die Vielheit hinauskomme, an-
dererseits weiso die Vernunft auf die Notwendigkeit einer
einfachen Einheit hin, da sie ihre Funktion, das mannigfaltige
Gleichartige zu verbinden, auf die verschiedenartige Wirksam-

keit der im tiefsten Grunde wesensgleichen Kräfte anwende.
Hier ist die Anerkenntnis richtig, die aber nicht Mainländer's Entdeckung ist, daſs man auf immanentem Gebiete
nicht über die Vielheit hinauskomme. Ebenso ist richtig,
daſs von dem erkennenden Subjekt das mannigfaltige Gleichartige zur Einheit verbunden wird; alles andere aber ist falsch.
Zunächst darf man doch nicht daraus, daſs wir gewohnt sind,
das mannigfaltige Gleichartige zur Einheit zusammenzufassen,
den Schluſs machen, daſs nun alles in Wirklichkeit auch eins
ist oder eins gewesen ist. Diesen Schluſs aber macht Mainländer ganz unbegründet, wenn er sagt: „In diesem Dilemma
giebt es nur einen Ausweg: In der Vergangenheit befinden
wir uns bereits. So lassen wir denn die letzten Kräfte, die
wir nicht anrühren dürfen, wenn wir nicht Phantasten werden
wollen, auf transcendentem Gebiete zusammenflieſsen. Es ist
ein vergangenes, gewesenes, untergegangenes Gebiet, und mit
ihm ist auch die einfache Einheit vergangen und unter-
gegangen." Der letzte Satz bringt das eigentlich Neue in der
„Philosophie der Erlösung" und bildet mit dem individuellen
Willen zum Leben, beziehungsweise zum Tode, die beiden
Grundpfeiler, welche das ganze übrige System tragen. Mainländer ist sich auch der Bedeutung jenes Satzes für seine
Lehre sehr wohl bewuſst und legt darauf den gröſsten Wert,
indem er sagt: „Die Scheidung des immanenten vom trans-
scendenten Gebiete ist meine That und mein Trost im Leben
und Sterben."

Ich lasse zunächst diesen Fundamentalsatz von der unter-
gegangenen Einheit, welchen nach Mainländer kein anderes
Prädikat als das der Existenz zuzuschreiben ist, auf sich be-
ruhen und mache nur darauf aufmerksam, daſs man in die
Vergangenheit der Dinge nicht, wie das hier gethan wird,
durch Entwickelungsreihen, sondern nur durch Kausalitätsreihen und der Untersuchung der metaphysischen Grund-
begriffe des Seins, der Inhärenz und der Veränderung gelangen kann. Dazu ist das Dilemma, welches Mainländer
in der auf immanentem Gebiet bestehenden Vielheit und der

von der Vernunft geforderten einfachen Einheit sieht, gar
nicht vorhanden, denn abgesehen davon, dafs die Vernunft
kraft ihrer verbindenden Thätigkeit nur das wirklich Gleichartige zur Einheit des Gattungsbegriffs zusammenfafst, kommen
wir ja nach unserem Verfasser selbst gar nicht über das
immanente Gebiet hinaus. Hat man aber doch das Bedürfnis,
über die bestehende Vielheit und das immanente Gebiet
hinaus zu einer letzten Einheit als Ursache alles Seienden
zu gelangen, so ist dies jedenfalls auf dem Wege einer Ent-
wickelungsreihe metaphysisch unmöglich, da aus einer wirklich einfachen Einheit sich keine Vielheit entwickeln kann.

Ehe wir zur Metaphysik übergehen, möge ein Überblick
über die Physik, mit welcher sich der zweite Abschnitt be-
schäftigt, folgen.

Den Ausgang nimmt dieselbe von dem in der Analytik
gewonnenen realen individuellen Willen zum Leben. In Bezug
auf denselben sagt Mainländer: „Wir haben ihn im inner-
sten Kern unseres Wesens erfafst als das der Kraft zu Grunde
Liegende, und da alles in der Natur ohne Unterlafs wirkt,
Wirksamkeit aber Kraft ist, so sind wir zu schliefsen berechtigt, dafs jedes Ding an sich individueller Wille zum
Leben ist." Diese Gleichsetzung eines Zustandes (nämlich
des Begehrens, Strebens, Wollens), in welchem sich unser
Inneres befindet, mit unserem Wesen selbst, sowie der Übergang von dem menschlichen Innenleben auf die vielen anderen von demselben gänzlich sich unterscheidenden Gegen-
stände der Natur, z. B. ein Tier, eine Pflanze, ein Mineral,
ist zwar ein durchaus willkürlicher und unberechtigter, wer
sich aber völlig auf Schopenhauer'schen Boden stellt, in
dem Willen zum Leben das Ding-an-sich sieht und den
Willen mit der Bewegung gleichstellt, während doch beide
auf verschiedene Weise in einem Kausalverhältnis stehen,
indem teils der Wille von etwas anderem, teils etwas anderes
durch den Willen in Bewegung gesetzt wird, dem mufs sich
freilich alles in der Natur auf eine verschiedenartige Bewegung zurückführen lassen. Auf diese Weise erhält Main-

länder vier sogenannte Ideen im allgemeinen, nämlich 1. die
chemische Idee (ungeteilte Bewegung), 2. die Idee der Pflanze
(Wille gespalten, der ausgeschiedene Teil, das Organ, hat nur
Irritabilität), 3. die Idee des Tieres (weitere Spaltung in Irritabilität und Sensibilität), 4. die Idee des Menschen (durch
weitere Spaltung ist das Denken in Begriffen entstanden).
Jedes einzelne Ding ist, insofern von seinem besonderen Wesen
die Rede ist, eine Idee schlechthin, und giebt es also so viele
Ideen, als es überhaupt Individuen. giebt.

Hier ist der Punkt, an welchem sich auch Mainländer's
Psychologie, der keine besondere Abhandlung gewidmet ist,
in sein System einreiht. Wie der menschliche Leib selbst
nur die durch die Erkenntnisformen gegangene Idee Mensch
ist, so sind auch die Organe desselben nur Objektivationen
einer bestimmten Willensbestrebung. „So ist das Gehirn die
Objektivation der Bestrebung des Willens, die Aufsenwelt zu
erkennen, zu fühlen und zu denken; so sind die Verdauungs-
und Zeugungsorgane die Objektivationen seines Strebens, sich
im Dasein zu erhalten." Die Haltlosigkeit dieser das that-
sächliche Verhältnis geradezu umkehrenden Lehre, insofern
ja die Organe das betreffende Streben erst ermöglichen, ist
schon von Thilo (Über Schopenhauer's ethischen Atheismus, in dieser Zeitschrift, VII. 321) hinreichend besprochen
worden, dafs ich mich mit dem Hinweis darauf begnügen kann.

Ein Weiterleben des Individuums, eine neue Bewegung
desselben kann nur durch die Nachkommenschaft stattfinden,
so dafs, wenn sich dasselbe nicht durch die Zeugung verjüngt
hat, mit dem Tode die Idee vernichtet ist. Dieser Satz
widerspricht jedoch der Lehre, dafs der Leib nur die Objektivation der Idee ist, denn eine völlige Vernichtung der
Idee könnte folgerichtigerweise nur mit der völligen Vernichtung des Leibes stattfinden. Nun denke man an die
ägyptischen Mumien, und selbst bei vollständigem Zerfall
bleibt doch der Staub, auch wenn er in alle vier Winde ge-
tragen wird. Aber Mainländer macht dergleichen keine
Bedenken, ja nach seiner Auffassung, wonach das Sein nur

Wille, d. h. Bewegung ist, mufs selbst der folgende Satz
noch vernünftig erscheinen: „In demselben Augenblick, wo
ein Stück Eisen z. B. seine innere Bewegung, die doch das
einzige Merkmal des Lebens ist, verlöre, würde es nicht etwa
zerfallen, sondern thatsächlich zu Nichts werden!?" In einen
schroffen und unversöhnlichen Widerspruch gegen den Fundamentalsatz der Physik wie Metaphysik stellt sich unser
Philosoph durch seine Lehre von der Schwächung der Kraft.
Ist nämlich im Kampf der Ideen eine derselben geschwächt,
„so ist die im Weltall objektivierte Kraftsumme geschwächt, und
für diesen Ausfall giebt es keinen Ersatz, weil oben (?) die Welt
endlich ist und mit einer bestimmten Kraft ins Dasein trat."
Nachdem Mainländer noch auf die Trennung des vor-
weltlich allein existierenden Gebietes von dem jetzigen hin-
gewiesen hat, wodurch der Atheismus von ihm zuerst wissenschaftlich begründet werde, bestimmt er die ehemalige trans-
scendente Einheit wie folgt: „Jetzt haben wir das Recht,
diesem Wesen den bekannten Namen zu geben, der von jeher
das bezeichnete, was keine Vorstellungskraft, kein Flug der
kühnsten Phantasie, kein abstraktes noch so tiefes Denken,
kein gesammeltes, andachtsvolles Gemüt, kein entzückter,
erdenentrückter Geist je erreicht hat: Gott. Aber diese einfache Einheit ist gewesen, sie ist nicht mehr. Sie hat sich,
ihr Wesen verändernd, voll und ganz zu einer Welt der
Vielheit zersplittert. Gott ist gestorben, und sein Tod war
das Leben der Welt." Aus dieser ursprünglichen Einheit
und ihrem Zerfall in die Vielheit wird zuletzt auch noch
die Zweckmäfsigkeit in der Welt abgeleitet: „Jeder gegen-
wärtige Wille erhielt Wesen und Bewegung in dieser ein-
heitlichen That, und deshalb greift alles in der Welt ineinander: sie ist durchgängig zweckmäfsig veranlagt." So
richtig nun die Anerkennung der durchgängigen Zweckmäfsigkeit ist, so unmöglich und verkehrt ist die Ableitung derselben von einer zersplitterten Einheit, daraus würde höch-
stens die Gleichartigkeit der einzelnen Teile und die Möglichkeit ihrer Vereinigung folgen.

Mainländer's Behauptung ist etwa ebenso richtig, wie die, dafs ein aus Quadersteinen erbauter Dom darum so zweckmäfsig und künstlerisch vollendet ist, weil die einzelnen dazu verwandten Steine durch die Zersplitterung eines und desselben Felsens gewonnen wurden. Die Analogie der menschlichen Verhältnisse läfst uns vielmehr auf einen lebendigen, denkenden und Zwecke setzenden Schöpfer schliefsen.

Durch den Zerfall der einfachen Einheit werden wir nun aber schon auf das metaphysische Gebiet gewiesen, von welchem auch Mainländer die Ergänzung seiner Physik ableitet. Hier wird zunächst das Zugeständnis gemacht, dafs wir die immanenten Prinzipien, Wille und Geist, nicht als konstitutive, sondern nur als regulative Prinzipien auf das vorweltliche Wesen übertragen können, d. h. dafs wir die Entstehung der Welt nur so auffassen dürfen, als ob sie ein motivierter Willensakt sei. Von diesem Gesichtspunkt aus werden dann folgende Ergebnisse gewonnen:

1. Gott wollte das Nichtsein.

2. Sein Wesen war das Hindernis für den sofortigen Eintritt in das Nichtsein.

3. Das Wesen mufste zerfallen in eine Welt der Vielheit, deren Einzelwesen alle das Streben nach dem Nichtsein hatten.

4. In diesem Streben hindern sie sich gegenseitig, sie kämpfen mit einander und schwächen auf diese Weise ihre Kraft.

5. Das ganze Wesen Gottes ging in die Welt über in veränderter Form, als eine bestimmte Kraftsumme.

6. Die ganze Welt, das Weltall, hat ein Ziel, das Nichtsein, und erreicht es durch kontinuierliche Schwächung seiner Kraftsumme.

7. Jedes Individuum wird, durch Schwächung seiner Kraft, in seinem Entwickelungsgang bis zu dem Punkte gebracht, wo sein Streben nach Vernichtung erfüllt wird. —

Die eigentliche Triebkraft aller Entwickelung ist also, wie wir sehen, in allen Fällen der Wille zum Tode, der

freilich äufserlich meist vom Willen zum Leben, der aber
auch nur den Entwickelungsprozefs beschleunigen, hilft, verhüllt erscheint. So heifst es bei Seiling S. 78: „Während
in der Pflanze noch neben dem Willen zum Tode der Wille
zum Leben steht, steht beim Tiere der Wille zum Leben vor
dem Willen zum Tode und verhüllt ihn ganz: das Mittel ist
vor den Zweck getreten. So will auf der Oberfläche das
Tier nur das Leben, ist reiner Wille zum Leben und fürchtet
den Tod, den es auf dem Grunde seines Wesens allein will.
Denn frage ich auch hier, könnte das Tier sterben, wenn es
nicht storben wollto?" Dio letzto Frago ist mit einer so
verblüffenden Sicherheit gethan, dafs man im ersten Augenblick in Versuchung kommt, jeden Widerspruch dagegen zu
unterdrücken. Wer aber nur etwas darüber nachdenkt, der
kommt allerdings sehr bald zum Bewufstsein der hier zu
Tage tretenden Willkür und Phrasenspielerei. Stellt man sich
nämlich zunächst auf den Standpunkt des natürlichen gesunden Menschenverstandes, und ich meine, das sollte auch
in der Philosophie heute viel mehr geschehen, als es geschieht, dann wird man einfach sagen können, dafs es den
Tieren, welche z. B. von anderen Tieren oder von Menschen
getötet werden sollen, gar nicht einfällt, sterben zu wollen,
dafs wenigstens durchaus nichts darauf hindeutet; und die
Frage: könnto das Tier sterben, wenn es nicht sterben wollte?
mufs hier jedenfalls ebenso absurd erscheinen, wie mit Rücksicht auf den Menschen. Oder will etwa eine Maus, auch
nur auf dem Grunde ihres Wesens, den Tod, wenn sie in die
Gewalt einer Katzo gofallon ist, oder ein Schlachttier, wenn
es zum Schlachthause geleitet wird, ein Vogel, wenn der
Schufs des Jägers ihn ereilt? Vermutlich so wenig, wie ein
Mensch, einige Ausnahmen abgerechnet, den man zur Richt-
stätte abzuführen im Begriffe steht. Verläfst man dagegen
den Standpunkt des natürlichen Menschenverstandes und stellt
sich auf den unseres Philosophen, so bekommt man etwas
höchst Selbstverständliches und Banales. Denn ist der Wille
nichts anderes als Bewegung, so ist eben das Leben eines

tierischen Organismus allerdings eine Bewegung zum Tode, und je mehr sich scheinbar das Leben entwickelt, desto mehr nähert sich das sterbliche Individuum dem Tode. Diese Bewegung oder Entwickelung hat aber durchaus nichts mit dem zu thun, was die Menschen seit Jahrtausenden mit dem Ausdruck „Wille" zu bezeichnen pflegen, und man kann ihn nicht, wie Mainländer dies beim Übergang zum Menschen thut, mit der Todessehnsucht oder Todesfurcht irgendwie in Beziehung setzen. Es ist das freilich ein Unfug, der oft genug von denjenigen begangen wird, welche über philosophische oder theologische Fragen handeln, daß sie Bezeichnungen, welchen ein ganz bestimmter Begriffsinhalt eignet, in völlig anderem Sinne gebrauchen und auf diese Weise eine heillose Verwirrung namentlich in den Köpfen der Laien anrichten.

Welche Gewaltthätigkeiten und Willkürlichkeiten muß sich beispielsweise der höchste aller Begriffe, der Gottesbegriff, wie wir das vorher gesehen haben, gefallen lassen.

Als das Mittel, zum absoluten Tode und damit zur Erlösung zu gelangen, wird die Virginität empfohlen: „machtvoll lodert die Sehnsucht nach dem Tode auf, und ohne Zaudern ergreift der Wille, in moralischer Begeisterung, das bessere Mittel zum erkannten Zweck, die Virginität. Ein solcher Mensch ist die einzige Idee in der Welt, welche den absoluten Tod, indem sie ihn will, auch erreichen kann." Es ist nur eine Konsequenz seines Systems, wenn Mainländer schließlich ganz unverblümt den Selbstmord lehrt, worin sein Schüler Seiling, der alles, was sein Meister sagt, als absolute Wahrheit anbetet und alle, welche nicht der gleichen Überzeugung sind, für philosophisch rohe oder böswillige Widersacher erklärt, eine Berichtigung Schopenhauer's erkennt, welcher den Selbstmord noch für zwecklos erklärt habe. „Wie leicht", sagt Mainländer, „fällt der Stein aus der Hand auf das Grab des Selbstmörders, wie schwer dagegen war der Kampf des armen Menschen, der sich so gut gebettet hat. Erst warf er aus der Ferne einen Angst-

lichen Blick auf den Tod und wandte sich entsetzt ab, dann
umging er ihn zitternd in weiten Kreisen; aber mit jedem
Tage wurden sie enger, und zuletzt schlang er die müden
Arme um den Hals des Todes und blickte ihm in die Augen,
und da war Friede, süfser Friede ....." Unser Philosoph
geht sogar so weit, dafs er sich für seine Selbstmordtheorie
nicht nur auf Buddha, sondern auch auf Christus stützt, dessen
Moral nichts als eine Anbefehlung langsamen Selbstmordes
sei, und er schliefst dann diesen ganzen Abschnitt mit dem
Satze, der sein eigenes nahes Ende vorbereitete: „Ich möchte
ferner alle windigen Motive zerstören, welche den Menschen
abhalten können, die stille Nacht des Todes zu suchen, und
wenn mein Bekenntnis, dafs ich ruhig das Dasein abschütteln
würde, wenn die Todessehnsucht in mir um ein weniges
noch zunimmt, die Kraft haben kann, einen oder den anderen
meiner Nächsten im Kampfe mit dem Leben zu unterstützen,
so mache ich es hiermit." Kurze Zeit darauf zog Mainländer dann in der That die praktischen Folgerungen seiner
Lehre, wie Seiling bewundernd ausruft (S. 85, Anm.): „Ein
leuchtendes Beispiel in der fernsten Zukunft, erfafste er ver-
klärt und ruhevoll das von ihm gelehrte Ziel des Welt-
prozesses", oder wie es in der Einleitung (S. 6) heifst:
„Gleich Sokrates und Christus drückte er mit dem freiwilligen
Tode seiner grofsen Lehre das Siegel auf!" Als ob der frei-
willige, durch nichts aufgezwungene oder gebotene Selbstmord
Mainländer's, den man im günstigsten Falle doch nur als
die Folge einer fixen Idee bezeichnen könnte, mit dem edlen
Tode jener beiden Märtyrer auch nur im Entferntesten ver-
glichen worden könnte. —

Im Zusammenhang mit den bisher gewonnenen Lehren
von dem rein immanenten Gebiet und der Erlösung durch
den absoluten Tod stehen auch die ethischen und politischen
Anschauungen unseres Philosophen.

Die beiden Hauptsätze seiner Ethik sind: Es giebt nur
egoistische Handlungen, und: Tugend kann gelehrt werden.
Bei dem Egoismus wird aber der geläuterte vom natürlichen

Egoismus unterschieden, und mit Rücksicht darauf kann man
diese Begründung der Ethik wenigstens bis zu einem ge-
wissen Teile gelten lassen, mufs sich aber bewufst bleiben,
dafs damit immer nur der hauptsächlichste subjektive Trieb
für das ethische Handeln angegeben ist. Obgleich auf dem
Standpunkt dieser Philosophie der von Anfang an mit bestimmter Qualität ausgerüstete Wille durch den von ihm selbst
geschaffenen Spiegel der Erkenntnis nicht verändert werden
kann, so wird doch die Umwandlung des Willens durch die
Erkenntnis aufs Bestimmteste behauptet.

Auch der Pessimismus kommt in diesem Zusammenhange
zu seinem vollen Ausdruck, und es ist nicht zum geringsten
Teile persönliche Anmafsung, welche in jener Weltanschauung
von dem eigenen Unbehagen aus, das noch dazu sehr oft ein
selbstverschuldetes ist, den Schlufs aufs Allgemeine zu machen
pflegt. Zwar wird vom Standpunkt des sogenannten ver-
nünftigen Optimismus die reale Entwickelung immer voll-
kommenerer Zustände nicht geleugnet, aber das ändere nichts
an der Thatsache, dafs das menschliche Leben in seinen
jetzigen Formen ein wesentlich unglückliches sei. Zum Be-
weise dafür werden zwei Aussprüche von Goethe und von
A. v. Humboldt angeführt, deren Kern die Sätze bilden:
Wir leiden alle am Leben, und: Das ganze Leben ist der
gröfste Unsinn. Mainländer hat damit freilich dem An-
denken jener beiden Männer, welche sich in hohem Alter zu
solchen und ähnlichen Ausdrücken eines selbstanklagenden
Pessimismus hinreifsen liefsen, keinen sonderlichen Gefallen
gethan, und er zeigt dadurch nur, welch eine einseitige Auffassung im Grunde er selber vom Leben hat, wenn er ganz
naiv gerade mit dem Hinweis auf A. v. Humboldt trium-
phierend ausruft: „Also im ganzen Leben dieses begabten
Mannes Nichts, Nichts, was er als Zweck des Lebens hätte
auffassen können. Nicht die Schaffensfreude, nicht die köst-
lichen Momente genialen Erkennens. Nichts! Und in unserem idealen Staate sollten die Bürger glücklich sein?" —
Er ist nämlich überzeugt, dafs in seinem idealen Staate, dem

sich die Menschheit immer mehr nähere, die von Not und
Sorge befreiten Menschen dem schrecklichsten aller Übel, der
Langeweile, verfallen und einem solchen Dasein die völlige
Vernichtung vorziehen würden. Ich darf hier wohl darauf
verzichten, auf diese geistige Modekrankheit unseres Zeitalters,
welche leider noch immer ihre Opfer fordert, näher einzugehen, zumal dieselbe wissenschaftlich jetzt ebenso überwunden
ist, wie der Materialismus. Der Standpunkt des Pessimismus
würde ja auch, wie schon Thilo und nach ihm andere ge-
zeigt haben, nicht einmal für den berechtigt sein, der nur
ein Leben des Diesseits kennt, eine Beschränkung, die doch
aus psychologischen und metaphysischen Gründen als unhalt-
bar bezeichnet werden muß.

Dieselbe Grundidee der Bewegung aus dem Leben zum
absoluten Tod zieht sich auch durch Mainländer's Politik,
welche den Inhalt der sechsten Abhandlung bildet. Zur Be-
schleunigung des Prozesses dient ihm die Zivilisation, denn „die
Zivilisation tötet". Die soziale Frage ist nichts anderes, als
eine Bildungsfrage. „in ihr handelt es sich lediglich darum,
alle Menschen auf diejenige Erkenntnishöhe zu bringen, auf
welcher allein das Leben richtig beurteilt werden kann."

Eine weitere Ausführung und Ergänzung der Politik
bringen sodann im zweiten Bande die drei Essays über den
Sozialismus. Mainländer bekennt sich in diesen Abhand-
lungen als einen Anhänger des reinen Sozialismus und der
freien Liebe. So sehr nun auch die sozialen Ansichten mit
den wirklichen Zuständen und der Verschiedenheit der
geistigen Anlagen und Charaktereigenschaften im Widerspruch
stehen und so sehr ferner das über die Ehe und die freie
Liebe Gesagte uns abstoßen und zum Widerspruch heraus-
fordern muß, zumal wenn er die Liebe zu den eigenen
Kindern eine Affenliebe nennt, an deren Stelle etwas Besseres
treten müsse, so ist doch zu seiner Ehre zuzugestehen, daß
die für diese Lehren angeführten Gründe aus edler Sittlich-
keit und Menschenliebe geflossen sind, wodurch Mainländer
z. B. weit über einem Max Nordau und ähnlichen Aposteln

unserer modernen Weltanschauung zu stehen kommt. Ist er
doch in seiner schwärmerischen Auffassung der Ehefrage so
weit von jeder sittlichen Leichtfertigkeit entfernt, daß er
meint, es werde mehr und mehr zu einer rein intellektuellen
Ehe kommen, und diese dann den Übergang zu dem idealen
Zustande des Cölibats bilden.   Aller aber doch noch mög-
lichen falschen Beurteilung und Verdächtigung hält er zuletzt
den von ihm gelehrten Standpunkt der Entsagung entgegen:
„Meine Ethik“, sagt er am Schluß des Essays über den
theoretischen Sozialismus, „ist identisch mit der Ethik Buddhas
und der des Heilandes, welche beiden absolute Entsagung
verlangen: Armut (oder was dasselbe ist: blofse Befriedigung
der Lebens-Notdurft auch inmitten der Fülle) und Virginität.“
   Die soziale Entwickelung sieht Mainländer für unsere
Zeit in der Versöhnung des Kapitals mit der Arbeit, wie sie
ja durch die Teilnahme am Gewinn in der That mit gutem
Erfolg von einzelnen schon begonnen worden ist. Zur Durch-
führung dieser Reform ist aber nach ihm keine der vorhandenen Gesellschafts- und Gemeinschaftsformen ausreichend
und befähigt, dazu mufs ein neuer Orden nach Art des
Gralsordens gebildet werden: „Was uns not thut, ist ein
Bund der Guten und Gerechten, ein Bund, den nur Gute und
Gerechte bilden, und der seine Wirksamkeit auf alle Menschen
richtet, oder mit einem Wort: Gralsritter, Templeisen, glut-
volle Diener des in der Taube verkörperten göttlichen Ge-
setzes: Vaterlandsliebe, Gerechtigkeit, Menschenliebe und
Keuschheit.“ Und zwar ist dies kein reines Phantasie-
gemälde, vielmehr tritt Mainländer in dem dritten Essay
über den Sozialismus selbst als Stifter eines solchen Ordens
auf und führt daselbst das vollständige Statut desselben aus,
dessen Hauptzweck darin bestehen soll, durch Verbreitung
wahrer Bildung die Wege zu ebnen, welche zur Erlösung
der Menschheit führen.   Hierbei ist es nun charakteristisch,
dafs, obwohl der Orden nur die Guten und Gerechten um-
fassen soll, in den Motiven zum Statut unter Nr. 4 doch
auch den Verbrechern der Zutritt gestattet ist.   „Der Orden

dürfte nicht den Schlechten und Verbrechern verschlossen
werden: die Wissenschaft führt die schwersten Verbrechen
nur auf ein Übermaſs der rohen Naturkraft zurück, die in
allen Menschen lebt. Die heutige Gesellschaft macht den
Menschen noch schlechter, als er ist, wenn er aus dem Zucht-
hause entlassen wird. Der Orden dagegen sucht mild das
Feuer des wilden Blutes zu einer wohlthätigen Macht zu ge-
stalten.“ Dieselbe Stellung den Verbrechern gegenüber nimmt
Mainländer auch in der Metaphysik ein, da sich nach
seiner Lehre alles Geschehen in der Welt mit Notwendigkeit
vollzieht und nur ein freier vorweltlicher Akt angenommen
wird, wodurch zugleich auch der Weltlauf und das individuelle
Schicksal eines jeden entschieden worden ist. „Jetzt vereinigt
sich“, heiſst es bei Seiling (S. 80), „die Freiheit mit der
Notwendigkeit. Die Welt ist der freie Akt einer vorweltlichen
Einheit; in ihr aber herrscht nur die Notwendigkeit, weil
sonst das Ziel nie erreicht werden könnte. Alles greift mit
Notwendigkeit ineinander, alles konspiriert nach einem einzigen
Ziele. Und jede Handlung des Individuums ist zugleich frei
und notwendig: frei, weil sie vor der Welt in einer freien
Einheit beschlossen wurde, notwendig, weil der Beschluſs in
der Welt verwirklicht, zur That wird.“ —

Es erübrigt uns jetzt nur noch, auf den vierten und
fünften Essay des zweiten Bandes, in welchen der Buddhaismus und das Dogma der Dreieinigkeit, d. i. das Christentum
behandelt werden, etwas näher einzugehen.

Daſs der ganz und gar auf Schopenhauer's Schultern
stehende Mainländer auch ein begeisterter Anhänger des
Buddhaismus sein werde, läſst sich von vornherein annehmen.
Der Buddhaismus ist ihm die blaue Wunderblume Indiens,
welche nicht angegriffen, sondern nur bewundert werden
darf, ja es ist ihm eine Zeitlang zweifelhaft gewesen, ob in
dem indischen System oder im Christentum die ganze Wahrheit enthalten sei.

Der esoterische Teil der Buddhalehre, welche er von dem
exoterischen unterscheidet, erinnert sehr an sein eigenes

System, und er gesteht selber auch zu, dafs er sich zu Anfang ganz und gar auf den Standpunkt Buddha's, d. i. des absolutesten Idealismus oder Egoismus gestellt gehabt habe, um ihn dann zu gunsten seiner zerteilten Einheit zu verlassen. Als der Hauptsatz der esoterischen Buddhalehre erscheint nämlich die Behauptung, dafs das einzige Reale das bewufstlose individuelle Karma (das Wesen Buddha's) ist. Dies wollte, und das ist das einzige Wunder, so erklärt Mainländer die Weltschöpfung, durch die Verleiblichung in einer Welt des Scheins die Abtötung, den Übergang aus dem Sein in das Nichtsein. „Zunächst erzeugt es sich den Leib und das, was wir Geist nennen (Sinne, Verstand, Urteilskraft, Phantasie, Vernunft). Ist das wunderbar? In keiner Weise, denn Karma hat Allmacht. Dann bringt es Gefühl (die Zustände der Lust und Unlust, körperlichen Schmerz und Wollust) und Vorstellung hervor. Das Gefühl wird einfach im Bewufstsein gespiegelt, die Vorstellung dagegen hat eine komplizierte Entstehung. Die Hauptsache bei der Vorstellung ist der Sinneseindruck. Wer bewirkt ihn nach Buddha? Das allmächtige Karma." Hier ist nun auffallend, mit welcher Weitherzigkeit dem unbewufsten, raum- und zeitlosen Karma die Allmacht zugestanden wird, während ein persönlicher und bewufster Gott dieser Freiheit nicht geniefsen soll. Unserem Gott soll es nämlich unmöglich sein, zugleich auf mehrere Seelen einzuwirken, weil die einfache Einheit nicht ganz und ungeteilt zugleich im Hans und in der Grete sein könne. Als ob das zu diesem Zwecke nötig wäre, und sich beispielsweise nicht schon ein Punkt mit unzähligen anderen Punkten berühren und, wenn als real gedacht, in den anderen Zustände hervorrufen könnte. Eine sonderbare Ansicht hat Mainländer von der Logik und Folgerichtigkeit. Auf Grund der unumstöfslichen Thatsache der inneren Erfahrung soll nämlich der Buddhaismus ein fest in sich geschlossenes, fehlerloses, streng konsequentes System sein, und nun höre man, wie es in einem Atem heifst: „Das wunderwirkende Karma ist eine blofse Abstraktion," und gleich darauf: „Der Buddhais-

mus ist Ding-an-sich-Idealismus, weil er auf Grund der unumstöfslichen Thatsache der inneren Erfahrung nur dem Ich
Realität zuspricht. Und was ist am ganzen esoterischen
Buddhaismus positiv? Die Erklärung, dafs Karma individuell
ist, und dafs es existiert." Also die Abstraktion ist positiv,
individuell und existiert!? Und der das behauptet, rühmt
sich der Entdeckung, dafs die reinen Raum- und Zeit-
anschauungen nur Abstraktionen sind, die in Wirklichkeit
nicht existieren. Die äufserste Konsequenz des absoluten
Idealismus, wie ihn das esoterische System Buddha's darstelle,
wird dadurch gezogen, dafs jedem Leser das Recht einge-
räumt wird, sich allein für real und alles andere, auch ihn,
Mainländer, und seine Philosophie, sowie Buddha und seine
Lehre u. s. w. u. s. w. für Phantasmagorie zu halten; es
endet somit der absolute Idealismus, wie wir sehen, mit der
gleichen Selbstvernichtung, wie der absolute Skeptizismus.
Trotzdem Mainländer eingesteht, dafs der, welcher sich auf
diesen Standpunkt stelle, nur durch einen schmalen Streifen
vom Wahnsinn getrennt werde, wird doch von ihm behauptet,
dieser Standpunkt sei der berechtigste, den es geben könne,
jeder andere sei gegen ihn wie Wasser, auf dessen Oberfläche
wir uns nur schwimmend mit Anstrengung erhalten könnten.

Man ist durch das Bisherige einigermafsen neugierig geworden auf das, was Mainländer nun aus dem Christentum
machen wird, dessen Kern und Wahrheit er ja in seiner
Philosophie darzubieten behauptet, und doch sollte man darauf
nicht mehr neugierig sein, da sich von vornherein annehmen
läfst, dafs er auch an die christliche Lehre mit seiner fertigen
Theorie herantreten und derselben alles dienstbar machen
werde. Wie bei dem Buddhaismus, so unterscheidet er auch
ein esoterisches und exoterisches Christentum. Das erstere,
auf welches es hauptsächlich ankommt, besteht nach ihm
wesentlich in dem richtig verstandenen Dogma der Dreieinigkeit.

Von dem Athanasianischen Glaubensbekenntnis ausgehend
bringt er zunächst, unterstützt von den drei Schriftstellern

Matth. 12, 31 ff., März. 3, 28 ff., Luc. 12, 10 einen Unterschied in die drei göttlichen Personen zu gunsten des Heiligen Geistes, um sodann auf Grund des Satzes: „Der Sohn ist allein vom Vater: nicht gemacht, nicht geschaffen, sondern geboren" und im Hinblick auf Stellen wie Joh. 8, 58; 10, 30 und 14, 9 zu den beiden kühnen Behauptungen zu schreiten: 1. der Sohn ist der Vater, 2. der Sohn kam nach dem Vater.

Da nun das Erzeugte in der Zeit stets nach dem Erzeuger komme, — ja, aber doch meist noch zu Lebzeiten des Erzeugers — so folge, da Christus als Menschensohn sich mit der Menschheit identifiziere, — darnach wäre ja auch jeder andere Mensch zugleich die ganze Menschheit — „dafs die Menschheit aus Gott geboren ist, ihm folgte und zwar wesensgleich mit ihm ist, d. h. sie enthält nur, was in Gott war."

Eine weitere Handhabe mufs sodann das Johanneswort bieten: „Alle Dinge sind durch das Wort gemacht, und ohne dasselbe ist nichts gemacht, was gemacht ist," indem daraus die Identität Christi mit dem Weltall gefolgert wird, allerdings mit derselben Logik, kraft welcher man etwa die Identität eines Baumeisters mit den von ihm erbauten Häusern oder eines Schuhmachers mit den von ihm angefertigten Stiefeln und Schuhen folgern könnte. „Nun kann auf einmal die Hälfte der dunkeln, matten, undurchsichtigen Perle durch eine kleine, grammatikalische Änderung (?!) zum durchsichtigen, blitzenden Diamant werden... An die Stelle von ‚Gott ist' ist lediglich zu setzen: Gott war, und Christus, der Sohn, die Welt ist."

Wie gewinnt nun Mainländer weiter, nachdem so das Wesen des Vaters und des Sohnes bestimmt worden ist, ersteres als vorweltliche Einheit, letzteres als die daraus entstandene Welt, das Wesen des Heiligen Geistes? Er sagt: „Der Sohn, die Welt, ist eine werdende, sich nach einem Ziele bewegende Gesamtheit von Individuen, welche Gesamtheit der Ursprung aus einer einfachen Einheit, Gott, fest zu-

sammenhält: die Welt ist eine feste Konjunktur mit einer
einzigen Grundbewegung, die eben aus dem Zusammenwirken
aller Individuen entsteht. Diese Grundbewegung, der Weg
Gottes zu seinem Ziele, ist das Schicksal des Weltalls, oder
wie Christus sagte: der Heilige Geist. Der Heilige Geist ist
also kein Wesen, keine Persönlichkeit, kein reales Individuum,
sondern etwas Abstraktes, ein einheitlicher Ausfluſs aus der
Wirksamkeit vieler, die Resultierende aus vielen verschieden-
artigen Bestrebungen, die Diagonale des Parallelogramms der
Kräfte. Er ist nicht gemacht, nicht geboren, sondern ausgehend." Einige Seiten weiter wird dann der Heilige Geist
als das Gesetz Gottes bezeichnet und als die Gesamtheit der
vier Tugenden: Vaterlandsliebe, Gerechtigkeit, Menschenliebe,
Virginität, bis es zuletzt ganz einfach heiſst, und damit auch
der Nachweis der Superiorität des Geistes über den Vater
und den Sohn geschlossen wird: „Der Heilige Geist ist der
Weg Gottes zum Nichtsein." Damit sind die drei Personen
so bestimmt definiert, daſs über ihr Wesen kein Zweifel mehr
walten kann, und das Dogma wird nun kurz wie folgt aus-
geführt: „Gott war, Christus ist, der Heilige Geist ist, und
zwar ist nur Christus real, der Heilige Geist ist etwas Ideales,
Abstraktes, ein echter (?) Geist." Mainländer ist sogar der
Meinung, daſs das, was man jetzt unter Gott zu verstehen
habe, nämlich den dynamischen Zusammenhang in der Welt,
das sei, was sich erleuchtete Gläubige immer unter Gott vor-
gestellt hätten: „Der Lenker der menschlichen Geschicke und
aller Dinge." Hier wird also nicht nur ein Wort, sondern
ein ganzer Begriff seines ursprünglichen Inhaltes entleert und
trotzdem so gebraucht, als habe er jenen Inhalt noch nach
wie vor. Oder ist es nicht eine Zusammenstellung heterogener
Elemente, wenn man den dynamischen Zusammenhang in der
Welt als den Lenker der menschlichen Geschicke bezeichnet?
Das ist nach Mainländer der Kern des Christentums,
welcher vom Apostel Johannes am treuesten überliefert wurde,
während Paulus das Christentum verfälschte, — natürlich,
denn der Paulinismus mit seiner Fundamentierung durch die

Auferstehung Christi und die damit in Verbindung gebrachte
persönliche Auferstehung der Gläubigen bietet keine Lücke,
durch welche die Philosophie der Erlösung mit ihrem absoluten Tode einschlüpfen kann.

Es möchte nun angesichts solcher biblischen Theologie
mancher fragen, was denn Mainländer mit den unzwei-
deutigen Hinweisungen auf das zukünftige ewige Leben, wie
sie sich doch auch bei Johannes finden, anfängt? Aber die
souveräne Freiheit, mit welcher er sich unter fortdauernder
Zustimmung Seiling's in allen Wissenschaften bewegt, ohne
die dazu notwendigen positiven Kenntnisse zu besitzen oder
besitzen zu können, läfst ihn darüber nicht in Verlegenheit
kommen. Was zu seinem fertigen System pafst, das wird
einfach aus dem Zusammenhang zu diesem Zweck heraus-
gehoben, was sich nicht ohne weiteres fügen will, wird dazu
gezwungen, denn auf eine „kleine grammatikalische Änderung"
kommt es hier nicht an, auch wenn dadurch der Sinn von
Grund aus verändert wird, was sich aber gar nicht eingliedern
läfst, das wird einfach vollständig übersehen oder wird mit
kurzem Prozefs aus der esoterischen Lehre in die exoterische
verwiesen. So läfst sich freilich ohne viele Mühe aus allem
alles machen, aber die Wissenschaft hört dabei auf, wenn-
gleich auch Seiling (S. 17) behauptet: „wofür Christus von
seiner unmündigen Mitwelt den Glauben fordern mufste, das
kann mit Mainländer jetzt, da die Menschheit reif geworden, gewufst werden und ist somit gefeit gegen die ver-
nichtenden Angriffe unserer glaubenslosen, materialistischen
Zeit."

Ähnliches wie in der biblischen Theologie wird auch in
der Religionsgeschichte und in der alttestamentlichen Einleitung zu Tage gefördert. In dem ersten Essay des zweiten
Bandes, welcher dem Realismus gewidmet ist, findet sich
nämlich auch eine Übersicht über die Entwickelung der Religion von der Naturreligion an, deren Kern das aufser-
ordentlich lose mit der Welt verknüpfte Individuum sei.
Nachdem das Band dann von einzelnen Genialen fester ge-

zogen worden und die Thätigkeiten der Götter auch auf das
menschliche Herz ausgedehnt worden sei, habe Zarathustra
den dynamischen Zusammenhang der Dinge gelehrt, aber auf
Kosten der Fundamental-Wahrheit, dafs die übrige Welt aus
Individuen zusammengesetzt ist. Der Dualismus Zarathustra's sei dann durch den jüdischen Monotheismus und
indischen Pantheismus überwunden worden, welche beide,
aus der gemeinsamen Wurzel des absoluten Realismus entstanden, die gleiche Spitze hatten: das in den Armen eines
allmächtigen Gottes liegende tote Individuum. Den starren
Monotheismus soll dann erst David verbessert haben, und es
werden dafür, was einem Theologen einigermafsen wunderbar
vorkommen dürfte, die Psalme 2, 18, 21, 27, 103, 106,
119 unbedenklich und ohne Unterschied als von David ver-
fafst angeführt.

In Bezug auf die Ästhetik, in der er sich ganz an
Schopenhauer anschliefst, sei nur bemerkt, dafs Mainländer das Schöne einteilt in das Subjektiv Schöne, den
Grund des Schönen im Ding-an-sich und das schöne Objekt;
ferner dafs er den Grund des Schönen im Ding-an-sich in
der Harmonie der Bewegung sieht und die Ästhetik, welche
den sog. Schönheitssinn auszubilden hat, zuletzt in die
Ethik überleiten läfst. Bedeutsam ist auch die Stelle, in
welcher von dem höchsten Menschheitsideal, dem weisen
Helden, die Rede ist: „Der erhabenste Charakter ist der
weise Held. Er steht auf dem Standpunkte des Weisen, er-
wartet aber nicht, wie dieser, resigniert den Tod, sondern
betrachtet sein Leben als eine wertvolle Waffe, um für das
Wohl der Menschheit zu kämpfen. Er stirbt mit dem
Schwerte in der Hand für die Ideale der Menschheit, und in
jeder Minute seines Daseins ist er bereit, Gut und Blut für
die Realisierung derselben hinzugeben. Der weise Held ist
die reinste Erscheinung auf unserer Erde, sein blofser An-
blick erhebt die anderen Menschen, weil sie in der Täuschung
befangen sind, sie hätten, eben weil sie auch Menschen sind,
dieselbe Befähigung zu leiden und zu sterben für andere,

wie er." Darauf beruhe der tiefergreifende Zauber, den das Christentum auf Atheisten ausübe: „Das Bild des gekreuzigten für die Menschheit willig in den Tod gegangenen Heilands wird strahlen und die Herzen erheben bis an das Ende der Zeit." Für einen solchen weisen Helden hat Mainländer offenbar auch sich gehalten, wie das schon aus dem, was er über den Selbstmord und sein eigenes Vorhaben sagte, erhellt. Das ganze die Welt herausfordernde Selbstbewufstsein zeigt sich aber erst in dem Essay über die Philosophie der Erlösung, wo er seine Philosophie als die Verklärung und Erleuchtung der christlichen Religion der Erlösung bezeichnet und dann (S. 242) mit folgenden Worten schliefst: „Mit meiner Philosophie habe ich den Kampf aufgenommen:

1. mit der jetzt herrschenden Psychologie,

2. mit der herrschenden Lehrmeinung in den Naturwissenschaften (Newton'sche Farbenlehre und Theorie der Bewegung der Himmelskörper, Materialismus, Atomistik, Gesetz der Erhaltung der Kraft, Lehre von der metaphysischen Gattung und den Naturkräften, Übertragung des Wesens der idealen Formen auf das Ding an sich),

3. mit der herrschenden Ästhetik (Theismus oder Hegelschen Absolutismus als Grundpfeiler der Ästhetik),

4. mit der herrschenden Ethik (Moraltheologie, ethisches Naturrecht, Pflichtenlehre).

5. mit der Grundverfassung des Staates,

6. mit der herrschenden Religion und mit sämtlichen philosophischen Lehrmeinungen.

Ich stehe noch allein da, aber hinter mir steht die erlösungsbedürftige Menschheit, die sich an mich anklammern wird, und vor mir liegt der helle flammende Osten der Zukunft. Ich blicke trunken in die Morgenröte und in die ersten Strahlen des aufgehenden Gestirns einer neuen Zeit, und mich erfüllt die Siegesgewifsheit." —

Hiermit dürfen auch wir die Übersicht über Mainländer's philosophisches System schliefsen, welches, soweit es auf der

Philosophie Schopenhauer's beruht, der von Thilo in der bereits erwähnten Schrift*) über Schopenhauer's ethischen Atheismus geübten Kritik verfällt, soweit es aber Eigenartiges bringt, auf den Hauptsatz von dem gestorbenen Gott oder der zersplitterten Einheit zurückzuführen ist und in diesem Satze sich selber kritisiert. Oder liegt etwa in einem gestorbenen Gott mehr Sinn, als in einem toten Leben? Beides ist gleich absurd und enthält einen Widerspruch in sich selbst, ebenso wie die Behauptung, dafs Gott der Seiende, das Nichtsein wollte, und wie die Ansicht, dafs der unbewufste Wille sich erst den Geist schafft, als ob ein solches Schaffen absichtslos geschehen könnte und nicht schon selber · eine tüchtige Portion Geist, also das, was erst geschaffen werden soll, voraussetzte. Fafst man aber den etwas poetisch angehauchten und doch nur uneigentlich zu verstehenden Satz von dem gestorbenen Gott in eine mehr metaphysische Form und spricht von einer aus einer ursprünglichen Einheit sich entwickelnden Vielheit, so verstöfst man gegen das Grundgesetz der Metaphysik, wonach das Viele sich nicht aus einem schlechthin Einfachen entwickeln kann, mit andern Worten, man verfällt dem absoluten Werden und begeht denselben Fehler wie mit der Behauptung, dafs das Sein in das Nichtsein übergehen könne, dafs also in dem einen entscheidenden Moment Sein und Nichtsein vereint sein könne.

In Mainländer, unter dessen Pseudonym sich, wie Seiling uns berichtet, der am 5. Oktober 1841 geborene Sohn eines Offenbacher Industriellen Namens Batz verbirgt, der vor Abfassung seines umfangreichen philosophischen Werkes schon 1866 eine dramatische Trilogie, die Hohenstaufen, veröffentlicht hatte, ist ein jedenfalls begabter und genial veranlagter Geist das Opfer einer falschen Philosophie geworden. Ein Wunder ist das nicht, wenn man hört, dafs der erst siebenzehnjährige Jüngling, nachdem er nur eine kaufmännische Ausbildung erhalten hatte, sich ausschliefslich

---

*) Siehe diese Zeitschrift VII. u. VIII.

dem Studium der Schopenhauer'schen Philosophie, mit
welcher ein Zufall ihn bekannt gemacht hatte, widmete.

Ist das auch um seinetwillen und wegen der unheilvollen
Folgen, die seine Philosophie und sein Beispiel auf krank-
hafte und philosophisch, ich will nicht sagen unreife, aber
doch unvorsichtige und überschwängliche Gemüter ausüben
werden, sehr zu beklagen, so hat seine Philosophie doch auch
ihr Gutes, und kann man ihr deshalb auch die Benennung
einer Philosophie der Erlösung zuzugestehen. Es ist nämlich
durch dieselbe nicht nur dem verworrensten Ausläufer des
Schopenhauer'schen Pessimismus, der „Hartmännerei", ein
arger Stofs versetzt worden, sondern der „Schopenhauerei"
überhaupt, ersteres durch die in dem zwölften Essay ent-
haltene Kritik der Philosophie des Unbewufsten,*) letzteres
durch die Weiterentwickelung der Schopenhauer'schen
Philosophie in Mainländer's eigenem System. Wem angesichts dieser theoretischen und praktischen Folgerungen
nicht die Augen aufgehen, so dafs er eilends von dem Ab-
grund, an dem er ahnungslos und träumend entlang gewandelt,
zurücktritt und wieder den gesicherten Weg der Erfahrung
und Logik beschreitet, dem ist freilich überhaupt nicht mehr
zu helfen, der tritt aber damit auch, und darin zeigt sich
die vernichtende Selbstironie dieses Systems, der Mainländer'schen Lehre von der Entwickelung zum absoluten
Nichtsein entgegen. Denn nach unseres Philosophen und
seines Jüngers Ansicht hat in ihm die Philosophie ihre
höchste Stufe erreicht, jenseits dieses erreichten Zieles liegt
aber für alles, also auch für diese Philosophie, das Nichtsein.
So hat die Philosophie der Erlösung einen heilsamen Auf-
lösungsprozefs beschleunigen helfen und ist im stande, den,
der noch nicht auf klares und widerspruchsfreies Denken
verzichtet und sich daneben etwas natürlichen gesunden
Menschenverstand erhalten hat, von der pessimistischen und
atheistischen Weltanschauung für immer zu erlösen.

---

*) Siehe diese Zeitschrift XV. S. 390 ff.